Juliette

est malade

Texte et illustrations de
Doris Lauer

Éditions Lito

Ce matin, Juliette ne se sent pas dans son assiette. Maman touche son front et dit:

-Tu es toute chaude, ma petite chérie!

-Je vais prendre ta température ;
baisse ton pyjama.
Bouh, Juliette a peur du vilain
thermomètre.

39 ! Maman est perplexe. Elle fait prendre un bain tiède à Juliette qui proteste:
- Hou, c'est trop froid, je déteste!

-Allô, docteur ? Bla, bla, bla...
« Il ne manquait plus que ça ! »
se dit Juliette, toute flagada.

Le docteur lui regarde la gorge, les oreilles et l'ausculte avec le stéthoscope.
-Tousse un peu, encore, plus fort !
As-tu mal à la tête ?

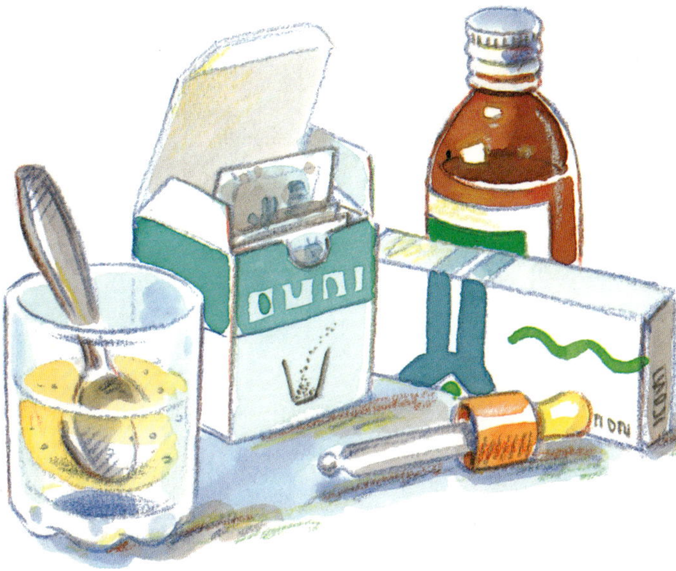

-Un simple refroidissement, madame.
Il lui faut un bon sirop, de l'aspirine
et quelques jours de repos.
Au revoir, Juliette ! Tu guériras bientôt.

Mmh, il est bon ce sirop au caramel !
Maman lit une histoire, puis deux,
puis trois ; elle est vraiment gentille !

Finalement, c'est plutôt chouette
d'être un peu malade !

Lito
41, rue de Verdun 94500 Champigny-sur-Marne
Imprimé en CEE
Loi n° 49-956 du 16 juillet 1949 sur les publications destinées à la jeunesse
Dépôt légal : février 2002